JN086096

現場力が高まる
ひらめき

新郷重夫
語録

新郷 重夫 著

Shigeo Shingo

日刊工業新聞社

はじめに

　2000年以降、日本の製造業は社会の大きな変化に晒されています。2008年に発生したリーマンショックでは、多くの企業が取引の停止、事業の縮小を経験しました。2011年には東日本大震災による景気衰退に見舞われるも、その後ゆるやかな景気上昇に転じました。そんななか、アベノミクスが打ち出されます。「三本の矢」のひとつとして成長戦略が叫ばれ、製造現場では生産性向上が求められるようになりました。そして、2020年には新型コロナウイルス感染症が猛威をふるい、世界経済は数年にわたって大きな打撃を受けました。

　また、この20年間で、多くの企業では従業員の高齢化が進みました。かつて現場を支えていた人が消え、暗黙知が継承されずに失われてきています。そして、生産拠点が国内に回帰しつつある昨今、生産性の向上は喫緊の課題となっています。

　このように、日本の製造現場には数年単位で大きな変化の波が押し寄せてきました。それぞれの企業が独自に現場改善を進めていましたが、社会情勢が変化するたび、それに合わせた変化を求められるような状況です。ものづくりの本質を見直し、生産性向上を根本から考えることが必要とされています。

　ものづくりの本質は、昔から大きくは変わっていません。機械の性能向上によって昔よりも効率が上がったとはいえ、今でもある程度の時間がかかりますし、段取り替えは生産工程におけるボトルネックになります。昨今、製造業でもDXが注目されていますが、デジタル技術を導入しても思ったほど効果が上がらない状況になってはいないでしょうか。あるいは、新しいシステムを導入するという手段が先行し、本来目指すべき目標を見失ってはいないでしょうか。

そのような時代にこそ、思い出したい人物がいます。工場改善の本質を追求し、コンサルタントとして数々の工場で改善に取り組んだ新郷重夫氏です。改善に対する真摯な姿勢から「改善の職人」とも称される新郷氏は、「シングル段取り」や「ポカヨケ」などの改善手法でもよく知られています。シングル段取りの考え方は、トヨタ生産方式の原点でもあります。

　また、新郷氏の活動は日本だけでなく世界中に知られています。アメリカでは製造業に関する活動や研究で功績のあった人や団体を表彰する賞に、その名前が残されています。

　本書は、1985 年に出版された新郷氏の著書『工場改善の秘訣を語る 新郷語録』をもとに、今の時代でも役に立つ改善活動の考え方や心構えを抽出し、まとめたものです。本書には、社会の変化で製造現場が混迷している現代にも共通する、改善の原点となる言葉を多数収録しています。

　工場の生産設備や人員が限られているなかで生産性を高めるには、工夫が必要です。新郷氏はその工夫を追い求め、さまざまな現場の改善を実現してきました。そんな新郷氏が見出した改善の本質が、本書では紹介されています。現場改善に役立つ内容であることはもちろん、仕事への取り組み方や生き方に通じる内容も含まれています。ふとした時に手に取って読み返していただくと、さまざまな気づきが得られることでしょう。

2023 年 3 月
出版局書籍編集部

目次

第3章　なぜ改善するのか、その目的を理解しよう

第4章　改善案を作ってみよう

第5章　改善を実現していこう

第 | 章

改善を
始めるために

The Sayings of Shigeo Shingo

品質管理は、
現場担当者の手に
委ねられていなければ
なりません

品質管理において、標準設定を合理的に行うのは当然のことです。しかし、「標準を理論的に追求する」ことが目的になってしまうと、「生産を合理化するための標準設定」という視点を見失ってしまいます。

　QCについて書かれた書籍を見ると、標準を設定するための数理的、統計学的解説に重きを置いたものが多いようですが、それが「QCは難解だ」と現場担当者に思わせている最大の理由でしょう。

　日本で作るものの品質水準が高いのは、QCサークルのような現場の実践的活動の成果が土台になっているからだと考えるのが妥当です。学問的興味や数値解析が先行して、実際の現場の効率化にはあまり役立たないということがないよう、注意しなければなりません。

合理化を
何のために行うのか、
よく考えよう

工場の作業は、モノを使うことによって、より効率化してきました。そして機械化され、さらに自動化されたことで、人の作業は大いに楽になりました。しかし、これは手段の合理化にすぎず、目的を正しく理解できていないことがよくあります。

　アメリカのある会社を見学したときのこと。倉庫を見学したときに「たくさんの在庫を自動倉庫に収納しており、どんな部品も3分以内に出庫できる」と豪語されました。実演してもらったところ、確かに時間内に出庫されます。在庫管理の手段が実によく合理化されています。しかしこの会社と、ノンストック生産方式を採用しており倉庫を必要としない会社とを比べたとき、はたしてどちらのほうがより合理的だといえるでしょうか。

　品質管理の話と同様、手段と目的をはき違えることのないよう注意しないといけません。

ものごとを
区分することで、
改善のポイントが
整理される

改善の第一歩は区分から始まります。ものごとを区分する場合、どのように分けるのかを表す条件のことを「区分原理」といいます。区分原理は、ものごとを分類するための条件です。何を改善すればよいかを考えるときに、区分原理をはっきりと意識しておくことが大切です。

　さて、区分原理には、きっぱりと分けられるものと、約束によって決まるあいまいなものの2つがあります。一筋縄ではいかないのが後者です。たとえば「大人と子供」を分ける区分原理は「年齢」ですが、大人と子供の境目は、法律などの約束によって決める以外にありません。

　製造現場では、良品と不良品を見分けるための限度見本がこの約束にあたります。「傷の程度」を見分けたいときは、限度見本によってその標準を示すことで分類できるようになるのです。

04

交叉区分を
しないようにしよう

交叉区分を
しないようにしよう

先ほど、区分原理について話しました。1つの分類に2つの区分原理を同時に適用することを「交叉区分」といいます。

　たとえば、「乗用車関係」「トラック関係」「鉄鋼関係」「非鉄関係」という4つのファイルがあるとします。このファイルが区分原理にあたります。その場合、「鋼製の乗用車用材料」の資料はどのファイルに綴じたらよいのか分かりません。車種と材料の2つの区分原理が、同じ階層で同時に適用されてしまうからです。交叉区分とはこのような状態です。

　この場合は、「乗用車」のファイル内に、「鋼鉄関係」と「非鉄関係」というファイルを作って区分する必要があります。2つの区分原理が必要な場合は、階層を分けて適用するのです。

　交叉区分をしてしまうと、問題のある部分が正しく整理されず、何が問題になっているのか分かりにくくなります。

ものごとの関係は、たったの4つで表現できる

世の中には何十億の人がおり、無数のものや出来事が存在します。したがって「ヒト、モノ、コト」の関係は無限大のようにも見えます。しかし、これを分類してみると、次の4つだけなのです。それは「因果関係」「対立関係」「類似関係」「接近関係」です。

①因果関係……「煙草の吸殻から火事になる」のような、原因と結果の関係
②対立関係……「火と水」のような、対になる関係
③類似関係……「木製の机」と「鋼製の机」のような、似たもの同士の関係
④接近関係……「机と椅子」のような、つねに接近して存在する関係

　これを理解しておくと、現象を分析する場合に応用できます。「原因は何だろうか？」「逆のことが起こったらどうなるだろうか？」「似たものはないだろうか？」「この現象に付随して現れるものはないだろうか？」と考えてみましょう。

06

「もの」の向こう側を
見よう

ものごとという言葉は、「もの」と「こと」の2つから成り立っています。「もの」は人間の五感、すなわち視覚、触覚、聴覚、嗅覚、味覚によってその存在を認識できるものです。これに対して、「こと」は「『もの』と『もの』との関係」や「『もの』と『こと』との関係」、あるいは「『こと』と『こと』との関係」です。

　技術者は「もの」を対象にした仕事ですが、実際に品物を作るときに要求されるのは品物の向こう側にある機能、すなわち「こと」です。そして、「もの」は具象的ですが、「こと」は抽象的であるため、その本質を見抜くことが困難である場合が多いのです。

　改善を行う場合、目の前に見えている「もの」だけでなく、その向こう側にある「こと」、すなわち本当の目的を徹底的に追求しないと、効果的な改善は期待できません。

人は必ず
忘れるものである。
ならばせめて、
忘れたことを
忘れないようにしよう

人間は神さまではないから、忘れることがあるものです。それならば、せめて忘れたことを忘れないようにしなければなりません。そのために、人間はチェックリストを使うのです。人間が100％忘れない存在であれば、チェックリストは不要でしょう。

現場の作業者が部品を取り付け忘れたり間違えて取り付けたりすると、監督者が「もっと注意して、忘れないようにしないとダメだよ」と叱咤激励することがあります。しかし、これは現場の作業者に「神さまになれ」と要求しているのと同じです。「今まで一度も、何かを忘れたことはない」と言い切れる人がいるでしょうか？

人は必ず忘れるということを前提に、それを忘れない方法を考えるのが「ポカヨケ（Careless Mistake Proof）」の基本です。それこそ、「不良＝0」を達成するための近道なのです。

たくさんのことを
知っていても、
できなければ
何にもならない

私たちは、ものごとを認識したときに「知った」と思うものです。ところが、それは本当に「分かった」わけではありません。「分かった」という状態になるためには「知った」で済ませるのではなく、「これではダメだ」「あれでもダメだ」とあらゆる面から検討することが必要です。そのうえで「やっぱりこうしなければダメだ」と認識した状態が「分かった」なのです。

　しかし、「分かった」だけでは不十分です。次は「できる」ようにならないといけません。どんなにすばらしい改善案でも、「できる」ことで初めて効果が表れてくるからです。

第 2 章

改善するべき
問題を見つけよう

The Sayings of Shigeo Shingo

不満は改善を生むが、

不平は何も

生み出さない

改善の第一歩は、問題を発見することから始まります。問題発見のためには、現状に対してつねに不満を抱いていることが大切です。これを積極的に、改善へ結びつける必要があるのです。「余は満足である！」と、まったく不満を抱かなければ、問題意識は発生しないでしょう。

　ところが、「自分の会社は多品種少量生産の工場だからダメだ！」、あるいは「受注生産だからダメだ！」「設備機械が旧式だからダメだ！」という人もいます。原因を外部要因に押しつけ自らの努力で積極的に解決を図ろうとしない人は、不満が不平に転化してしまっているのです。逆に、それらの困難に対し、前向きに立ち向かっていこうとする人は進歩していくでしょう。

　不満を感じたとき、それを不平に転化せず、改善へとつなげていきましょう。

「何も問題はない」
ではなく
「何か問題はないか」
という視点を持とう

工場の現場を歩いていても、機械は「ここにムダが
ありますよ?」「なぜこんな非能率な作業をするので
しょうか?」と呼びかけてはくれません。そのため、
ただ漠然と現場を歩いているだけでは、現場には何も
問題ないと思ってしまうでしょう。

　現場の表面だけを見てまわるのではなく、何も問題
はないと思っている機械のそばに30分から1時間立
ち止まって、じっと観察してみましょう。「何か問題
はないだろうか?」という気持ちで見ていると、必ず
いくつかの問題が見つかるものです。

　「何も問題はない」と思っていること。そのこと自
体が問題であると考えることで、ほかの現場よりも数
歩先を進むことができるでしょう。

バナナの身は
食べるけれども、
皮は食べない

バナナの実は食べますが、皮は食べません。ところが、果物屋さんは皮つきの重さを量って、○○kgあるから△△円だと要求しています。そこで、実際にバナナの重さを量ってみました。

皮つきのバナナ1房の重さは2.6kgでした。一方、実だけだと1.6kgしかありません。実が全体に占める割合は、およそ60％です。60％分しか食べないのに、なぜ100％分の金を払うのでしょうか？

仕事ではこれを、①付加価値を高める仕事（バナナの身）と②原価を高める仕事（バナナの皮）の2つに置き換えられます。実際の加工が①、運搬や検査、品物の取り付け、取り外しなどが②です。

バナナを買うとき「皮に金を払うのは惜しい」と考える人はいないでしょう。仕事でも、その仕事をやるだけで満足してしまい、本質的な価値を認識していない場合があります。仕事を徹底的に観察し、「何がバナナの身か？　何がバナナの皮か？」を正しく認識してみましょう。

「ムダを省け」は
ナンセンス！

改善の指導をするため会社に伺うと、「ムダを省け！」というスローガンが掲げられていることがよくあります。それはあまりよくないと社長さんに話すと「なぜでしょう。ムダを省くことは、よいことではないですか？」と言われます。

　そんなときには、こう答えています。「ムダと分かっていれば、誰でもムダを省くことでしょう。本当の問題は、ムダであるのにもかかわらず、それに気付いていないことなのです。あのスローガンはむしろ、『ムダを見つけよう』と書くべきではないでしょうか？」

13

「働」という字は
人、重、力の
組み合わせで
できている

「働」という字を分解すると「人＋動」に分けられます。したがって、「人が動いていると働いている」と私たちは考えがちです。しかし、これでは不十分で、もう１つ分ける必要があります。「人＋重＋力」、すなわち「人が重要なことに力を出している」こと、これが本当の「働き」です。

　単に「人が動いている」から働いていると考えないで、「人が付加価値を生み出すこと（重要なこと）に力を出しているかどうか？」に注目する必要があります。

少なくとも３度は
自分で考えて、
答えを出そう

IBM社を見学したとき、工場の至るところに"Think"というスローガンの札が置かれているのを見て感心してしまいました。見学後「この"Think"という言葉はどんな意味を持っているのでしょうか?」と尋ねたところ、次のような説明がありました。

「IBMでは何か問題が発生したとき、自分でまったく考えもしないで相談に行ってはいけません。少なくとも3回は自分で考えて、それでも問題が解決しなければ上司に相談するのです」

私はこの説明を聞いて、次のように考えました。「ははあ。IBMでは魚を釣ったとき、すぐ課長のところに行って『課長、どう料理しましょうか?』と尋ねないのだな。はらわたをとって、うろこを取り除いて、よく水洗いをして、それから『さて、刺身にしますか、焼魚にしますか、それとも煮魚にしましょうか?』と質問しなければならないのだな」

「思う」と「考える」は違うもの

　工場長のところに、Ａさんが現品を持ってやってきました。「保安部品の不良が発生したのですが、どうしましょうか？」と質問します。工場長はしばらく品物を見てから「もう一度、不良品が発生したら持ってくるように」と指示しました。Ａさんはどう処置をするか指示されなかったことを不思議に思いながらも、現場に戻りました。

　1週間後、ふたたび不良が発生したので、Ａさんは「工場長。また不良品が発生しましたよ」と報告したところ、「そのとき、機械はどんな状態だった？」と質問されました。Ａさんは「いや……その……ちょっと分かりません……」と、しどろもどろです。「それでは、もう一度不良が発生したら持ってくるように」という言葉に、早々と引き下がったのでした。

　10日後にまた不良品が発生したので、Ａさんは

みたび工場長室を訪れたのですが、そのとき、「工場長。あの不良は機械のストッパのガタが原因で発生していたのですが、修理しましたのでこれからは発生しません」と報告したのでした。

　何が違ったのでしょうか。前の２回は単に不良品が発生したと「思った」のにすぎなかったのに対し、３回目は工場長の真意が分かったので、なぜ不良が発生したのだろうと「考えた」のです。
　思考には「思う」ことと、思ったことを客観的な立場で「考える」ことという２つのパートがあります。このサイクルを多くくり返すほど、より真実に近づけるものです。日々、「単に思っているだけではないか？」「本当に考えたのだろうか？」と自問自答し、よく考えてから行動に移ることを心がける必要があります。

15

現状をしっかり
掴むことが、
改善の第一歩

改善はまず「現状をしっかり掴む！」ことから始まります。素晴らしい改善案を考えたとしても、現状の認識が間違っていたら無価値なものになってしまうでしょう。

　私たちはしばしば「架空の話を本当の事実と思いこんでいる」ことがあります。推測で事実を想定したり、変化が起こっているのに昔のままだと考えたりするミスをして、架空の話を本当の事実と錯覚してしまいます。

　本当の事実を認識したら、より精細に、定量的に、現象を明白に区分することが必要です。そのためには「生産の5要素」と称される、①対象（何を？）、②主体（誰が？）、③方法（いかにして？）、④空間（どこで？）、⑤時間（いつ？）と分析して認識する必要があるでしょう。また、対象の変化の過程（工程）と主体の変化の過程（作業）という、両面からの観察を忘れてはなりません。

カンはアカン！

　現場では、カンで仕事をしていることが非常に多くあります。カンは一種の経験的、統計的な認識であり、高い確率で当たるものです。したがって、私たちはますますカンに対する信頼度を増して、すべてをカンによって処理するようになります。

　しかし、カンはあくまでもカンであり、見事外れてしまうことがあります。したがって、私は「カンを使うのなら、少なくとも３回、連続して適中するものでなければならない」と主張しています。

　ところで「なぜ３回なのですか？」と質問されることがあります。そんなときには「NHKののど自慢でも、『カン、カン、カン』で『はい合格！』となるでしょう。『カン、カン』では『残念でした！』となるではありませんか」と答えることにしています。

17

事実の向こう側に、
もう１つの真実がある

私たちは、自分が認識したことを事実という言葉で呼んでいます。しかしそれは往々にして表面的で、かつ皮相的な認識にすぎないことが多いものです。

　もっとよく調べる、もっと徹底して観察すると、多くの見落しがあったり見誤りがあったりするものです。そのように精細な、そして徹底した観察によって初めて真実を掴めるものでしょう。

　改善というのは、まず真実の把握から始めなければならないものです。

大体と正体

　私たちはよく「大体できました」という表現をします。その大体とはどのくらいのことを表すのでしょうか。

　昔、軍隊の部隊の大きさを次のように分類していました。もっとも少ない部隊の単位を小隊、小隊が4つ集まって中隊、中隊が4つ集まって大隊、大隊が2つ集まって聯隊、聯隊が2つ集まって旅団、旅団が2つ集まって師団です。

　課員から大体の話を聞いて会議に出席した課長さんが、「大体とはどれくらいですか」と先方から追及されても、ハッキリした返事ができません。しかし、「どれくらい必要でしょうか」と逆に質問すると、向こうの課長さんもやはりあいまいな返事しかできません。「お互いさまだね……」ということで、両方の課長さんとも「大体（大隊）が集まって連帯（聯隊）責任」になってしまいます。

そのような報告を聞いた製造部長さんが会議に臨むと、話は進んできますがどうもはっきりしません。「考慮したり断ったりする慮断（旅団）長」になってしまいます。さらにその上の工場長さんは「本当のことは何にもシラン（師団）長」なのです。

事実を明確かつ定量的に掴むのはなかなか面倒なので、「どうしようかな」と躊躇する躊帯（中隊）が私たちの前面に立ちはだかっており、その向こう側に本当の事実、すなわち正体（小隊）があるのでした。正体を掴めなければ、話し合いはどこまでいっても空回りすることになりがちで、本当の解決は行われないでしょう。

18

時間は「動作の影」
でしかない

　現場の作業者に対して、監督者が仕事を早く進めるように指示することがあります。ところが、時間の向こう側にある動作を改善しなければ、決して早くなるものではないのです。このように、時間は動作の影でしかありません。いくら影である時間に文句を言ったとしても、その本体である動作を改善しなければ、どうにもならないのです。

　病気になって医者に行き、体温を測ってみると高熱でした。そんなときに、医者が体温計の温度を下げて「はい、あなたの熱は下がりましたよ」と言ったら、誰もが「そんなアホな……」と呆れるでしょう。

　時間と動作の関係は、この体温計と身体の熱の関係に似ているのです。本質的な動作を改善しないで、表面的な出来事のみに文句を言うことは避けなければいけません。

「より精密であれば、
より正確である」
わけではない

1万円を3人で分けるとき、100円以内の誤差を認めるのなら、3,300円、3,300円、3,400円と分配すれば、正確に分配されていることになります。これをさらに細かく分け、3,330円、3,330円、3,340円と分配したら、正確であり、さらに精密に分配したことになります。このように、ある許容誤差を満たしていれば、精密さの程度が異なってもすべて正確であるといってよいでしょう。

　したがって、「より精密であるからより正確である」と考えるのは誤りです。許容される程度の正確さがあればよく、必要以上の精密さは要求されません。必要以上の精密さを求めることが、かえってムダになってしまうことも多いのです。

20

「いろいろ」「適当に」が
改善を煙に巻く

　機械の故障などでよく現場に行くと「いろいろな原因がある」という返事が返ってきます。そんなとき、「では原因を4つ挙げてください」と話すと、現場の人はスラスラと原因を述べるのです。いろいろではなく、具体的な理由があったのでした。

　そして、「いろいろ」という言葉の後に、「適当に」という言葉が続くと、魔法の言葉に変化してしまいます。「最近、不良が多いではないか？」「いろいろな原因がありまして……」「では、どうするのだ？」「適当な対策を考えます……」といったものです。

　それで解決するのなら実に都合がよい、まさに万能な魔法の言葉です。しかし、「いろいろ」という言葉で事実をはっきり認識できるでしょうか。あいまいな言葉を使うのではなく、より具体的な原因を探っていく必要があるでしょう。

第 3 章

なぜ改善するのか、
その目的を
理解しよう

The Sayings of Shigeo Shingo

改善の「善」とは何か、知っておこう

改善とは「ムダを見つけてなくす」ことです。その
ためには、何としても正しい目的を追求することが絶
対に必要です。目的の追求のためには、最初に「何が
善なのか？」という認識を誤ってはいけません。善と
は、いわゆる改善の4目標、すなわち

① 　楽に！
② 　良く！
③ 　速く！
④ 　安く！

ということでなければなりません。

　目的の追求をどこまで徹底して行うかによって、改
善案の優秀性は大きく左右されます。徹底しすぎるこ
とはありません。特に、原点となる目的の追求は極め
て効果的であり、目的の原点は何なのかを徹底して追
求することで、革新的な改善案を考えられるもので
す。

改善の目的を
追求するには、
３つの次元で考えよう

ムダを省くというのは、目的に対して大きすぎる手段を改善することだと言い換えられます。目的の追求を徹底する必要があるのです。

　そのためには、X、Y、Zと3次元の立場から目的の追求を行うことが必要です。それはちょうど、「品物の実体を把握するためには、正面図、平面図、側面図という3次元の見方をしなければならない」のに似ています。目的の追求に必要な視点として、

　　・さらにピントを絞って考える

　　・複数の目的がないかを考える

　　・より上位の目的がないかを考える

という3つを忘れてはいけません。

23

改善点を
見つけたければ、
機械の声を聴こう

現場を見て回るとき、観光バスに乗っているかのように、スーッと見て回ることが多いものです。しかし、改善ポイントを見つけたいのなら、それではいけません。1つの機械のそばで立ち止まって、少なくとも30分間は観察することが大切です。

特に、問題があるようには思えない機械を観察するのがよいでしょう。そのうち「ここを直して下さい」とか「ここの具合が悪いのです」という機械の声が聴こえてくるものです。何も問題はないと思っている機械の側に立つことは、ムダを見つけるために重要なことです。「この仕事の目的は一体何だろうか?」とくり返し考え、目的追求を徹底的に行いましょう。

ちなみに、機械台数が多いときは作業別に分類し、代表的なものを対象にするのが効果的です。同種のものを観察する際に、早く問題点を見つけることができるようになります。

空気を塗装している？

　周囲を水田に囲まれた田園地帯に、万年筆を作る工場が建っています。工場の塗装ブースは排水処理が必要ですが、大雨になると排水処理施設から汚水がオーバーフローし、水田が汚れるという苦情が相次いでいました。

　現在は、塗装ブースの中に回転式の台を置き、50本の万年筆のキャップを挿しこんでスプレーで塗料を吹きつけています。そして余分な塗料は流れ落ちて排水処理装置に流れこみ、中和して洗浄された排水が排水路に流されています。

　それで工場長に「あれは何をやっているのですか？」と尋ねたところ、工場長はちょっと変な顔をして「キャップの塗装をしているのです」と答えました。「それはその通りです。しかし実際は、50％以上の塗料は空気の塗装をしているのではないでしょうか？」と言うと「空気の塗装をしている

56

……？　あっ、そうかもしれませんね」と答えられたのです。

　「本当はキャップだけ塗装すればよいのに、なぜ空気の塗装も行うのでしょうか？　キャップだけを塗装する方法はないのでしょうか？」と話したところ、工場長はすっかり考えこんでいました。

　翌月、工場はすっかり変わっていました。スプレーは、少ない塗料しか吹き出さないような特製のノズルにして、余分な塗料を減らすようになっていました。ブースには高い気密性を持たせ、スポンジ性のウレタンゴムのろ過装置を取り付けて、余分な塗料はすべてこれに吸着されています。こうして、汚水は工場の外に排出されなくなりました。近隣の農家の人にも実情を見学してもらって、納得してもらったそうです。

24

旋盤では、
品物は削れない？

フランスで講演が終わって控室に戻り、通訳のかた
とお話をしていたところ「日本語は言葉の欠落がある
ので、その点は通訳の難しいポイントですね」と言わ
れました。

　「言葉の欠落とはどんなものですか？」「たとえば今
日、先生は『旋盤で品物を削る』と話されましたね。
これはフランスでは通用しないのです」「えっ、『旋盤
で品物を削る』のは当然ではないのですか？」「い
え、フランス語では『旋盤に刃物を取り付けて、その
刃物で削る』と表現します。旋盤は品物を取り付けて
回転させる機械ですので、旋盤だけでは品物を削れな
いのです」

　言葉が欠落しているとき、同時に意識の欠落を伴っ
ていないでしょうか。意識の欠落があると、それが問
題の原因になることはしばしばあります。自分の言葉
に欠落がないか考えてみるのはいかがでしょうか？

多品種少量生産は、
大変ではなく中変だ

「多品種少量生産は大変だ」と言うとき、その心は
「製品の種類が多く、かつ１ロットの数量が少ない」
という意味です。しかし、実際に大変なのは製品の種
類でなく工作方法の種類が多い場合です。

　多くの製品を作っているといっても、加工で見ると
「孔をあける」「円筒の外周を削る」「面を削る」「溝を
掘る」「折り曲げる」「しぼる」「刻印する」など、い
くつかの加工に集約されます。作業を書き出して頻度
の高いものから並べ、その累計曲線、すなわちABC
曲線を描いてみましょう。案外、上位５種類ほどの加
工が８割近くを占めているものです。頻度の高い加工
から順番に改善していけば、少ない労力で多くの作業
が改善できます。

　「多品種少量生産は大変だ」と漠然と考えないで、
大変な理由を徹底的に追求してみると、案外道は開け
るものです。「大変ではなく、せいぜい中変程度だ」
と悟ることが大切です。

研磨盤とは、どんな仕事をする機械？

　ある工場では研磨盤を使った仕事が多く、6台の機械を毎日残業して動かしていました。それでも仕事が終わらないので、さらに1台の追加購入を検討しています。現場で作業を観察すると、砥石を11回縦送りして、表面の研磨をしていました。

　現場の係長さんに質問してみます。「係長さん。研磨盤は、一体どんな仕事をする機械でしょうか？」すると、係長さんはけげんな顔をして「それは研磨をする機械ではないですか？」という返事をされました。

　それで、このように返しました。「研磨盤は、性格の違った2種類の仕事をしますね。1つは研削です。表面が硬化されている鋼材など、普通のカッターでは歯が立たないので、砥石で削らねばならない場合です。もう1つは研磨で、これは鏡面仕上げのために、表面を磨く場合です。

今は研磨の仕事ですが、フライス加工で削った目をきれいにするのに、なぜ11回も送る必要があるのでしょうか？　フライス盤で研磨代として残している寸法を調べてみてください。そして、カッターの削り目を落として面を磨くのに必要な研磨代も調べてみてください」

　その後、会社を再訪したところ「従来は0.6〜0.9mmとっていた研磨代は、0.09mmあれば十分」であることが分かりました。「砥石を送る回数は3回でよい」ことになり、追加購入も残業もなくなりました。「研磨盤の仕事」を徹底して追求することが、解決策を見つけることにつながりました。この場合、「機械の工作能力の不足ではなく、加工精度の測定能力の不足」が本当の問題点であったといってよいでしょう。

26

速さだけでなく、
速度を大切にしよう

昭和5年のこと。私が学校を卒業するとき、物理の杉山教授から次のような話を聞きました。

　「皆さんはこれから学校を卒業し、いよいよ社会に出られます。社会ではたんなる『速さ（Speed）』ではなく『速度（Velocity)』を大切にしましょう。『速さ』はたんにスピードですが、『速度』には方向が必要です。いくら世界記録を上回る速さで泳いだとしても、目標に向いていなければゴールには到達しません。泳いでいる途中でときどき顔を上げ、目標の方向に泳いでいるか確認することが大事です」

　一生懸命に力を出しても、それが目標の方向に対して真っ直ぐでなければ、その角度に相当する分力しか有効に働きません。まず目的を定め、それに直進するという心がけでなければ、100％の効果は発揮されないのです。改善活動では、このことを特に注意しましょう。

27

時間と時刻の違いを
意識しよう

　昔、「わが社では1分間に1台のテレビを生産している」という広告がありました。それを見て、「あれっ、1分間で1台のテレビが生産できるのかな？」と勘違いしました。実際には、「1台目のテレビと2台目のテレビの間隔が1分間である」という意味で、「テレビの生産期間が1分間である」という意味ではありません。「テレビの組み立てを始めてから完成するまで4時間かかったとして、1台目と2台目の間隔が1分間」ということでしょう。

　時間（時の長さ）と時刻（タイミング）は、まったく違う意味を持っています。工場の仕事では、「時間が問題なのか、それとも時刻が問題なのか」を正しく理解する必要があります。たとえばものが生産ラインで停滞する原因は、作業時間が長いからではなく、タイミングが合わないからなのです。

切削のときに切削油は
必要ない？

　光学機械のフードに、倍率やレンズ性能などを彫刻している会社があります。彫刻に切削油を使用しているので、脱脂しないと後工程のメッキができません。脱脂装置を持つ別の課に依頼して作業していますが、後回しにされることが多く、それが納期遅れの原因になっていました。「コンパクトで小型の安価な脱脂装置がないだろうか？」というのが相談内容でした。

　そこで、実際に彫刻作業を見てみました。現場では、ならい装置のついた彫刻機の刃で文字を彫刻し、切削油を流しながら作業しています。

　「これはよい解決策がありますよ」「よい解決策？それは何ですか？」「切削油を使わないことですよ」「えっ、切削油を使わない？　そりゃダメですよ。切削するときは絶対に切削油が必要ですからね」と難色を示されました。そこでこう伝えました。

「切削油を使用する目的は3つあります。刃先の冷却、切粉の排除、切削の摩擦を減らすための潤滑です。切削油を使う目的は潤滑だと考えられがちですが、最大の目的は刃先の冷却です。彫刻のような軽切削の場合、温度の低い空気でも大丈夫ですよ」

現場からは「刃先寿命が短くなる」と反対されたのですが、実験してみると刃先が十分冷却できただけでなく、切粉を完全に飛ばせたため寿命が30％程度延び、彫刻の精度も上がりました。もちろん脱脂も不要になり、納期遅れも解消したのです。

切削の際に切削油を使うことは常識だと信じられていますが、「どのような目的で切削油を使うのか？」という徹底した目的追求によって、問題が解決することもあります。

28

目の前で
行っていること、
それ自体は
目的ではない

目の前で行っていることを目的と考えてはいけません。それは、より上位の目的に対する手段です。その上位の目的は、さらに上位の目的に対する手段にすぎないこともしばしばあります。

　私は、何事も3回はくり返して考えるのが大切だと話していますが、トヨタ生産方式ではさらに多く、「なぜを5回くり返そう」と強調しています。それは「なぜ、なぜ、なぜ、なぜ、なぜと5回追求することによって、初めて本当の原因、すなわち真因が分かるものである」という意図なのです。

　このように、いつの場合でも「目的と手段は転化するものである」と認識して、改善の原点に対して徹底的に向き合わないといけません。そうでなければ、表面的で中途半端な改善に終わってしまい、本質的、かつ根本的な改善はできないままになるでしょう。

ノウハウだけでは
ダメですね

29

ある企業の専務のかたに、こんなことを言われました。「世間ではよく『ノウハウ（Know How）を理解することが大切だ』といいますが、ノウハウだけではダメですね……」

　思わず「それはどういう意味ですか？」と尋ねたところ、「ノウハウしかなければ、トラブルが発生したり条件が変わったりしたとき、どうしてよいか分からなくなってしまいます。しかし、ノウハウだけでなくノウホワイ（Know Why）、すなわち『なぜそうすべきか？』が分かっていれば変化に対応できますし、ほかの仕事にも応用できます」と説明されて、「まさにそうだ！」と感心しました。

　他社のやりかたを真似るだけだったり、ノウハウを教えられてもそれを「なぜすべきなのか」まで追求していなかったりすることが実に多いものです。目の前のやりかただけでなく、その先にあるものを見つける努力を怠ってはいけないでしょう。

泡というのは「あ」と「わ」から成り立っている

　ある工場では電着塗装を行う際、塗料の濃度を平均化するためにエアーを吹き込んで撹拌(かくはん)していました。そのため泡が発生しており、槽からあふれるので処理しなければなりません。対策として消泡剤を使っていますが、時間も費用もかかるので、「もっと安く簡単に泡を消せないだろうか」ということになりました。

　それで、担当している若い技術員のかたに「泡というのは何でしょうか?」と質問してみたところ、目をパチクリするだけでなかなか答えてくれません。「もしかしたら泡をくっているのではないでしょうか?」と冷やかしたあとに、次のような話をしました。

　「泡というのは『あ』と『わ』から成り立っているのです。『あ』は内部に入っている空気であり、『わ』は表面を囲っている塗料の膜です。今は『わ』

を溶かそうと考えていますが、『あ』である空気を取り除くことを考えたらどうでしょうか？」

　そして結局どうしたのかといえば、塗料が流れているところに細かな目の網を設置しただけでした。そこに泡を通して潰すだけで、泡の問題は簡単に消えてしまったのです。

　この問題は、「周囲の塗料の膜を溶かそう」と考えるか、「内部の空気を取り除こう」と考えるかによって変わってくるものです。思考の基点が正しくないと、結果が大きく異なるという好例でしょう。

30

不良統計の表は
死亡診断書の
羅列にすぎない

コンサルティングのため、1か月間アメリカに滞在したことがあります。さまざまな会社に「品質はアメリカのよき伝統である」というスローガンが貼りつけてあるのを見て、アメリカも品質向上に向けて熱を入れているな、と感じた次第です。

視察した企業の話ですが、工場のいたるところに不良統計の表が貼られていました。そこで、「何のために、このような不良の統計を掲示しているのですか？」と質問してみました。すると「全員が不良の発生に関心を持って、もっと不良を減らすように努力してもらうためです」という答えが返ってきました。そこでこう話しました。

「これは、ガンで何人亡くなった、脳出血で何人亡くなったという死亡結果の統計であり、死亡診断書の羅列にすぎませんね。それよりも、不良を発生させている作業の原因を追求して改善しなければ、どうにもならないでしょう」

仕事の本当の目的を、
もう一度考えよう

品物をノギスやマイクロメーターで測る仕事があります。その仕事の目的は、はたして測定のためでしょうか？　それとも判定のためでしょうか？

「もう○○mm削らなければならない」ことを知るために測定するのであれば、間違いなく「測定のための測定」です。しかし「この品物は良品か、不良品か？」を知るために測定しているのであれば、それは「判定のための測定」です。それならば、より簡単に作業できるゲージを使用しても差し支えないでしょう。

このように測定の目的を考えてみると、95％は「判定のための測定」であり、「測定のための測定」というのはわずか5％程度にすぎません。「手段を目的と誤って認識する」のでなく、「本当の目的は何であるか？」をはっきりと認識することが、やはり何よりも大切なのです。

精度が出ないのは、
機械がガタだから？

　「機械がガタだから、部品の精度が悪くなる！」という言葉は、いろんな工場でよく聞きます。しかし、その原因は本当に機械にあるのでしょうか。

　材料の両端を一定の寸法に切断する、ダブル・サイザーという機械があります。ある会社では、この幅の寸法精度がなかなか出ず、0.5mm〜1.0mm程度の誤差があって、最後に手直しする必要がありました。現場のかたは、「機械がガタだからダメだ」と話されていました。

　そこで、次のような話をしました。「機械がガタであるといっても、位置決めをしたあとに鋸をセットした場合、締付ボルトがガタのために自然にゆるむのは困りますね。しかし、幅を決めるための送りネジにガタがあったとしても、350mm±0の点は必ず通るはずです。問題は送りネジのガタではなく、幅決めの寸法精度がどの程度精度よく決められ

ているかということでしょう」

　そこで、寸法を高い精度に読みとれるデジタル式
のマグネスケールを買ってもらい、高い精度でセッ
トできるようにしたところ、製品の幅の寸法は
5/100mm程度に仕上がりました。切断のみで扉の
幅の寸法精度が出るようになり、かんなをかける必
要がなくなったのでした。

　このように、機械がガタだから精度が悪いのだと
思っていたが、本当の原因は寸法測定の精度が低い
ためだったという場合があるのです。

32

目的は１つでも、
手段はいくつもある

私たちは、「今やっている仕事を実現させる手段は、今の方法以外にはない」と考えたり、「今やっている手段が最良の方法である」と思いこんだりすることが多いものです。それでは、改善できる日は永久にやってきません。

　そんなときには、「今やっていることはあくまでも手段であり、その向こう側に上位の目的があり、その目的はさらに上の目的に対する手段である」という認識に立つことが大切です。それと同時に、目的に対して多面的な考察を行えば、もっとたくさんの手段を発見できるでしょう。目的は1つでも、その手段は1つではありません。

　今日は昨日と違った新しい日であるからこそ、私たちは1日、また1日と、新しい道を切りひらいて前進せねばならないのです。

名刺は、名前を覚えて もらうためにある

ある日、木工機械工場の新任職場長さんのところに挨拶に行きました。私は名刺を差し出して、「私は企画主任の新郷です。これからいろいろとお世話になりますから、よろしくお願いします」と型通りの挨拶をしました。すると職場長さんは、私の名刺を受け取ってしばらく眺めて「あなたが企画主任さんですか」とつぶやいたあと、やおら、腰のポケットから表札くらいの木札を取り出しました。「私はこういう者です」と言われてその木札を見ると、役職と名前が書いてあります。

　呆気にとられて眺めていると、職場長さんはその名札を再び腰のポケットに納めてしまったのです。私はしばらく呆然としてしまったのですが、事務所に帰る途中、「そうか。名刺は要するに名前を覚えてもらうためのものだから、あれでよいのだな」と気が付いたのでした。

34

狭い、狭いは心が狭い

工場で、「工場が狭い」「作業場が狭い」という苦情を聞くことが多いものです。しかし、実際に現場の実情を調べてみると「心が狭いから、そう思っている」ことが多いものです。

　たとえば「工場が狭い」というので実際に調べてみると、停滞した仕掛品が面積の70％を占めていることがあります。1回の加工ロット数を小さくすることで、停滞場所を狭くできます。

　「作業場が狭い」という苦情には、部品の供給回数を増やして置場が狭くてもよいようにする、立体的な配置を検討して平面的な占有面積を減らすなどの方法で場所を節約できます。

　「立体的に空間を考える必要がある」ことと、「場所の広さは空間と時間の相乗積によって決まるため、停滞時間を半分にすれば置場の広さは半分でよい」ことを理解しておきましょう。いずれにしても、「狭い、狭いは心が狭い」と悟ることが大切です。

足らぬ、足らぬは
知恵が足らぬ

工場に行って何か新しいことをやろうとすると、「人が足らぬからダメだ」「機械が足らぬからダメだ」といわれることがあります。しかし、それは「知恵が足らぬ」という場合も多いものです。

　問題を見つめて現場を観察していると、簡単な仕組みで自動化できることがあります。自動化した裏で別の機械を操作するようにすれば、人手不足を解消できます。機械の動きもよく観察してみましょう。正味の加工を行っている時間が短く、取り付け、取り外しなど付随作業の仕事が長いことはよくあります。

　頭を働かせて知恵を出せば解決できる問題が、現場には数多くあるのです。

36

だから、だからでは
何もできない

私たちは、よく「○○だからできない！」と言ってしまうものです。そして、できない理由を理路整然と話してしまうものです。

　ところが、いくら理路整然としていても、それができないことの理由づけである限り、問題の解決にはまったく貢献しません。「○○だからできない！」の後に、どんなことを話すかが大切なのです。「できないから止めておこう」なのか、「できないが、どうすればできるようになるだろうか」なのかではまったく違います。

　現実の問題を論じているのですから、何か問題が提起された場合に、できない理由が頭の中に浮かんでくるのはやむを得ないでしょう。しかし、その後どのように考えるかで、多くの改善案は日の目をみることになるのです。

雨の降る日は、
本当に天気が
悪いのでしょうか？

私たちは、雨の降る日は「天気が悪い」と言います。しかし、本当に雨の降る日は「天気が悪い」のでしょうか？

　「1年中雨が降らないとしたら、はたしてどうなるだろう？」と考えてみましょう。すると、作物は育たないし、飲料水はなくなるし、大変なことになってしまうでしょう。

　私たちは自分たちの行動に不便であるから、雨の降る日は「天気が悪い」と言っているのにすぎません。これは、きわめて便宜的な価値判断にすぎないでしょう。

　ふだん何とも思わないで表現していることのなかに、大きな誤りが潜んでいることがあるものです。ほかにもないか、考えてみるとよいでしょう。

38

平均値とは、もっとも当てにならない数値である

現象を理解しようとするとき、平均値が重要視されることがきわめて多いものです。しかし「平均値とは実際に現われた数値の平均にすぎないのであって、事実そのものを表現した数値ではない」のです。

　平均値は大まかな傾向を掴むには便利かもしれませんが、実際の仕事を改善しようと考えるならば、むしろ最大や最小を示す数値に意味があることのほうが多いものです。さらに、「なぜ、最大の数値と最小の数値で差が発生するか？」を追求することは、改善点を発見するためにきわめて役立つ情報を私たちに与えてくれるものです。

　現象を理解しようと考えるとき、「たんに概要を認識しよう」と考えるのか、それとも「問題を解決して、改善するために目の前の現象を認識しよう」と考えるかによって、対応を変える必要があります。

第4章

改善案を
作ってみよう

The Sayings of Shigeo Shingo

39

着眼と着想は
別のタイミングで
やろう

「なぜあんなことをしているのだろう？」という着眼は、現状に対して疑問を持ち批判するから起こるものです。一方、着想は着眼に対する解答であり、現実と妥協点を見つける性格を持っています。この2つは、考えかたが正反対です。そのため、着眼と着想は別のタイミングで行うことが大切です。

着眼を出すときは着想について考えないようにします。その後の着想については考えずに、徹底的に目的を追求して着眼を出していきます。着眼を全部出しつくしてから、それぞれの着眼に対し着想を考えていきます。1つの着眼に対し、思いつく着想の数はまちまちでも構いません。別の人が着想をくれることもありますし、自分自身で後から考えつくかもしれません。

着眼とは、改善案の種を蒔くことです。着眼と着想は必ず別の場で行うことが、改善案をたくさん出すための鉄則です。

知恵と金は、天秤の関係にある

　「改善はしたいが、金がかかって困る」という話をよく聞きます。知恵と金は天秤の関係になっていて、知恵をたくさん出せれば必要な金は少しで済むものです。金はあまり使わず、知恵をたくさん使った改善案こそ優秀な改善案です。

　自動車部品を作る会社がありました。その加工ラインには、多くのマグネットコンベアが採用されています。マグネットが部品を吸着して、垂直に運搬するのです。形状や大小に関係なく確実に上昇、または下降させられる便利な運搬装置です。ところがある日、客先から、「残留磁気があっては困る。マグネットコンベアは全部取り外してほしい」という要望があったのでした。

　さっそく現場に行って状況を観察したあと、次のような話をしました。「残留磁気が残っていなければよいのですから、脱磁装置の導入を検討したらど

うですか」。しかし、脱磁装置の導入には150万円ほどかかると難色を示されたので、「脱磁装置の中心的な機能とは何か、調べてみてはどうでしょう」と再度話しました。

そして翌月、「脱磁装置ができました」と報告されました。さっそく現場に行ってみると、最後のコンベアの上にコンデンサとコイルが取り付けてあり、その下に部品を通すことで脱磁していました。脱磁機能の本質はコンデンサの電気を流したときに発生する磁界を通すことであり、これを自作したことで、10万円の投資で済んだのです。その後、客先からのクレームはまったく発生しませんでした。本当の問題点を徹底的に追求すると、安い投資で改善ができるものです。

40

汚れをとるのに
もっともよい
やりかたは、
汚れないように
することである

品物や機械が汚れたとき、相当汚れてからきれいに掃除することがあります。しかし、汚れたものをきれいにするのはなかなか大変です。もっともよいやり方は「汚れないように清掃する」ことです

　事務所の窓ガラスでも、それほど汚れていないうちに毎日拭いていれば、空拭きでも簡単にきれいになります。しかし、1年に1回拭くとなると簡単にはきれいにならず、シンナーを使ってこすったり、刃物でかきとる必要があったりするように、大変になっていきます。これと同じく、品物や機械が汚れないようにするには、常時清掃するのがもっとも効果的なのです。

正、反、合を
意識すれば、
改善のレベルが
上がる

ふたつの対立した意見があるとき、それを同一平面で主張している限り、いつまでも結論は出ません。足して２で割ったところで妥協することがありますが、それでは不十分です。２つの主張の欠点を捨て、よい点のみを採用して一段上の立場で改善策を考えます。このような考え方を、弁証法では揚棄といいます。

　たとえば、ストックを減らすために親工場から協力工場に「１日に４回納入してほしい」という正の意見が出されます。「それではトラックの積載効率が悪くなるからダメだ」という反の意見が協力工場側から出てきました。すると多くの場合、「１日に２回納入する」という妥協案が成立します。ところが、これは妥協案であり、改善案ではありません。このとき「混載方式を採用して、４社から４分の１ずつ集荷して納入する」ことにすれば、ストックは減り、トラックの積載効率も低下しません。これが合です。

　議論では、常に正と反が対立します。それを高い位置から考え直してみることで、より優れた改善案（合）を考え出せるものです。

定時チェックと
定点チェック

　一般に、仕掛品の状況を知るためには

　・毎日、終業時に仕掛品の数を調べる

　・10日ごとに仕掛品の数を調べる

　・月末に仕掛品の数を調べる

というように、時間の区切りで調査することが多いものです。しかし、そのやりかたでは面倒になることが多くあります。

　ある工場で「毎日、作業が終わった時点で仕掛品の数を調査しているが、時間がかかって困る」という相談がありました。そこで、次のような提案をしてみました。

　・本体には、100個ごとに表示をつける

　・本体に必要な部品を100個単位で供給する

　こうして、100個の本体と部品が正しく合うかどうかをチェックすることにしました。そして定時になって作業が終了したら、「まだチェックされてい

ない数量のみを調べる」ことにしました。

　また、もし不良品が出た場合に備え、別途一定数を確保したうえで不良品と良品を入れ替えることにして、合計数がつねに一定になるようにしていました。これによって、簡単かつ正確に仕掛量を把握できるようになったのです。

　ある時点でものの数がいくつあるのかを調べる場合、「時間の切れ目で調べる」のがいつも最適とは限りません。今回のように「定量に分けて調べる」というやりかたがあってもよく、今回の場合はこのほうがはるかに効果的だったのです。

42

あなたは技術屋？
それとも偽術屋？

　改善をするにあたって、「それは○○だからできないよ」と、理路整然とできないことの理屈を主張するギ術屋に出会うことがあります。このギ術屋は、「偽」という字を書いた「偽術屋」です。

　これに対して、できないと思っていることを乗り越えて、何とかして成功させようと考えるギ術屋がいます。この場合のギ術屋こそ、「技」の字を書いた「技術屋」です。

　なぜできないのかを理路整然と述べることは、とても簡単です。逆に、どうすればその困難を乗り越えられるのかを考えるのは、なかなか大変なことです。しかし、あえてそれに挑戦し、不可能だと考えられていることを可能にする方策を徹底的に追求することこそ、やはり本当の技術屋に課せられた使命ではないでしょうか。

43

最後に成功してから
つけた理屈が
一番正しい

世の中には、やってもみないうちに「そんなことはできないはずだ」「それは、こんな理由があるからうまくいかない」と、いろいろとできない理屈を並べたてることが多いものです。しかし、そういった、できないと思っていることを乗り越えて実際にやってみると、案外成功することがたくさんあるものです。

技術者が偽術者にならないためには、何事も「まず、とにかくやってみる」ことが大切です。それが改善を実現させるための最大の武器だといえるでしょう。逆に、どんなに素晴らしい理屈でも「それはできない」ということを主張するだけの理屈では、世の中の進歩は絶対にありません。とにかくやってみて、成功してから「このような理由でうまくいったのだ」と考えた理屈が、結局は一番正しいのです。

問題の要因は、はっきりと具体的に表現しよう

現場で何か問題があるときに、「それではこうしたらどうでしょうか？」と提案すると、「それはちょっと難しいですね」という答えが返ってくるものです。

そこで、「難しいというのはどんなことでしょうか？」と質問して、「それでは、難しい原因を６つ挙げてください」と言うと、不思議なことにスラスラと述べてくれるものです。そして、一つ一つ話し合ってみると、ほとんどは解決できるものです。

大切なのは、困難な要因を具体的にはっきりさせることです。「難しい」という、あいまいな表現をすることではありません。それを一つ一つ潰していくようにすれば、問題は思ったより簡単に改善できるものです。それこそが、解決に役立つ近道なのです。

工場の中に
"パナマ運河"を作ろう

　中米のパナマ運河は、高い地峡を越えて太平洋から大西洋に船を通します。そのやりかたは次のようなものです。

　まず、第1の関門に船を進めます。そして扉を閉じて水を注ぎ、水面が高くなって第2の関門と同じになったら扉を開いて第2の区域に進入します。以下、同じようなやりかたをくり返して最高部に達したあと、これと逆の手順で大西洋に下って行くのです。

　同様の考えかたを工場でも適用できます。長い棒を横向きにして高い位置からシュートを滑らせる場合、棒の形状の違いや曲がり、あるいは摩擦抵抗の差などによって、棒が傾いてシュートから落ちてしまうことがよくあります。

　長い棒を横向きに滑らせるとき、短い距離ならばあまり傾きません。この距離を安全距離といいま

す。棒の性質によって異なりますが、普通300mm
程度です。したがって、シュート上の安全限界の距
離にストッパを設けることにして、

- 棒をシュートに落として滑らせると少し傾く
  が、第1のストッパに当たって向きが制御され
  る
- ストッパを下げるとさらに滑って行き、少し傾
  いたところで第2のストッパに当たって向きが
  制御される

というように、逐次向きを制御しながら滑らせる
と、落下する心配がなく送ることができます。この
ように、物を送るときに逐次制御して送る、運河方
式の考えかたを利用すると効果的な場合がしばしば
あります。

45

結果が悪いときは、
前提を疑ってみよう

不良が発生しているとき、「材料は正規のものを使用している」「機械は正しく保全されている」「作業者に標準作業を守らせている」ので、不良は発生しないはずだと強調されることがあります。

　ところが現実には不良が発生しているのですから、「不良は発生しないはず」という「はず」自体を疑う必要があります。すなわち、前提を全部白紙に戻して何か問題がないかを徹底的に疑って調べる必要があります。すると「材料の名前は同じでも製造先が違っていた」「機械が変わっていた」「作業者が変わっており、標準作業の一部が守られていなかった」という、思いがけない問題点が見つかります。

　私たちは多くの場合、事実を推測によって掴んでいることが多いものです。問題ないと思いこんでいる前提条件を一から考え直してみると、原因は案外簡単に見つかるものです。

46

不良の原因が
分からないときは、
しらみつぶし実験を
やってみよう

　不良がどの工程で発生するのか、どんな原因で発生するのか分からないことがあります。「分からないことが分からない」ままでは、問題はいつまでたっても解決できません。そんなときには、しらみつぶし実験がきわめて効果的です。その手順は次のようなものです。

　①第１工程に供給する材料を100個、入念に検査を行う

　②100個の材料を使って第１工程の加工を行い、できた製品を入念に検査し、良品のみを選ぶ

　③良品のみを第２工程に送り、第２工程の加工を行う

　④それを入念に検査し、良品のみを第３工程に送る（以降くり返し）

　そうすると工程ごとの不良数が判明します。そのうち、主要な工程について作業を詳細に調べ、原因の追求を行うのです。

　「不良があって困る」と言っているだけでは、いつまでたっても原因は分からず、不良も減りません。ぜひ、しらみつぶし実験をやってみましょう。

47

不良の原因を
知りたいなら、
わざと不良を作って
みよう

不良の原因が分からないとき、可能性の高い不良の原因を想定して、意識的に不良を作ってみることも効果的です。その結果と、いま発生している不良とを比較することで、本当の原因を掴むことができる場合がしばしばあるものです。

　絶対に良品を作ろうという考えかたではなく、こうすれば不良が発生するだろうと仮定して実験することによって、実際の不良の要因を追求できるものです。

　「分からない……分からない……」と言っているだけでは、いつまでたっても分かりません。まずは問題点を想像し、それを実際にやってみて、現実に発生している現象と比較してみましょう。未知の原因を掴むために、なかなか効果的な手段となるものです。

第5章

改善を
実現していこう

The Sayings of Shigeo Shingo

テーブル・エンジニアに
なることなかれ

以前セミナーを開催した会社の社長から「先生の講習を受けてから、私の会社ではテーブル・エンジニアがいなくなりました」と言われたことがあります。

　テーブル・エンジニアとは何かを聞いてみると、こう話してくれました。「これまでは問題が起こると、会議室のテーブルを挟んで技術者が意見を交わしていました。そして、口のうまい技術者や押しの強い技術者の意見で決まってしまうことが多かったのです。私は、これをテーブル・エンジニアと呼んでいます。ところが、講習後は議論が紛糾すると『とにかく現場に行こうじゃないか』となっています。本当に実力のある技術者の意見が通るようになり、会議の時間が短くなって成果も早く出るようになりました」

　テーブル・エンジニアとは、言い得て妙です。さて、みなさんの会社には、このようなテーブル・エンジニアはどのくらいいるでしょうか。

「人がやったほうが早い」
は本当に正しい？

　ある会社で「部品の穴あけ作業を機械化したのだが、人がやれば1個あたり20秒ですむのに機械では30秒かかる。人がやったほうが早い」と言って自動機を使ってくれないという問題がありました。

　現場に行ってみると、確かにその通りでした。自動機は動作の間にインターロックが必要なので、時間がかかっていたのです。ただし、その自動機は社内で自作したため、製作費はわずか30万円ほどでした。

　「仕事を見ていると、確かに人がやったほうが早いようですね。しかしこの自動機なら、人間の仕事は部品をマガジンに入れるだけです。すると、この機械がもう一台あれば、1人で2台を受け持てるのではないですか？」と聞いてみました。すると、「そりゃできますよ。十分余裕があるので、ついでにバリ取りを受け持たせてもよいでしょう」という

返事でした。

　「その場合、作業者１人の出来高は１時間で240個になりますね。人間は１時間で180個作れますから、自動機２台分の投資60万円で生産性は33％アップします。結果として原価低減が図れるのではないでしょうか」と話したところ、「あっ、そうですね。そのほうが儲かりますね。多台持ちでやることにしましょう」となったのでした。

　現場では、目の前の仕事のみを眺めて「人がやったほうが早い」と考えがちです。しかし、１個あたりの作業時間の早さだけを見るのではなく、どちらが原価低減に効果的なのかを、一段上の立場で考えることが大切なのです。

49

目標先行型でやろう

Work Design（ワーク・デザイン）という考えかたがあります。IEは現状のムダを探し、それを改善して改善案（I）を考えます。一方、ワーク・デザインは材料費＝０、労務費＝０を基礎に、最低限の材料費、労務費で改善案（W）を考えていきます。すると例外なく、

　　　　改善案（W）の原価＜改善案（I）の原価

となります。現状に妥協しつつ改善点を見つけていくやりかたでは、ぬるま湯に浸かったような改善案しか出ないものです。それよりも、たとえば「今はバリ取りをしているが、そもそもバリを出さないためにはどうすればよいのだろう。なぜバリは出るのだろうか？」と考えると、素晴らしいアイデアが出るものです。

　一般的には、早くきれいにバリ取りをする方法だけが考えられていますが、根本の目標である「バリを出さない」方法をぜひ考える必要があります。

絶体絶命は改善の
チャンス？

　「現在、1000トンプレスの段取り替えが4時間か
かっているのですが、他社は2時間でやっているそ
うで、『何としても追い越せ』と強い要請を受けて
います」という相談がありました。内段取りと外段
取りを分け、作業改善を行い、半年かけて1時間半
に改善しました。

　ところがその翌月、「えらいことになりました。
今度は『3分にせよ』と強い指示があったのです
……」と連絡があり、一瞬あ然としてしまいまし
た。「3分だなんてとても不可能だ！」と考えた瞬
間、インスピレーションが働いて「あっ、そうだ。
この間の片持ちプレーナーでのエンジンベッドの段
取り時間の改善は、要するに内段取りを外段取りに
追い出したのだな……」と思いついたのです。内段
取りの仕事を、外段取りに転化することで、3か月
後には目標を達成できたのでした。

ところで、これはどんな考えで指示されたのでしょうか。その真意を図りかねたので、指示を出されたかたに、どんな思いだったのか聞いてみました。

　すると、こんなふうに話されました。「人間は、『3分にせよ』というような絶体絶命の目標を与えると、素晴らしい知恵が出るものです。微温的な目標では、手で締めていたねじをナットランナーで締めるというようなありふれたアイデアしか出ないものですが、圧倒的な目標を与えると、たとえば嵌合方式にするというようなまったく新しい考えかたをするものです」

　背水の陣を敷くほどの目標に取り組むことで、革新的な改善につながるということでしょう。

50

「明日やる」をうのみに してはいけません

　ある男が散髪しようと思って床屋の前に行ったところ「明日はタダにします」という紙が貼ってあるのを見つけました。「明日はタダで散髪できるのか？　それなら今日やったら損だ！」と言って帰っていきました。翌日行ったところ、また「明日はタダにします」と書いた紙が貼ってありました。それで、その日もやめて翌日行ったところ、やっぱり「明日はタダにします」と書いてあるので、その日も中止しました。そして結局、この男は一生散髪をしなかったのでした。

　人間は神様よりも何よりも頼りにしているものがあります。それは、他人がやると言った言葉です。しかし「明日はやりますから」という言葉をうのみにするだけでは、うまくことは運ばないものです。「先頭に立って今やろう！」と考えて行動しなければ、仕事はうまくいきません。

昨日と違ったことを
やってみなければ、
進歩はありえません

　改善活動をしていると「長年このやりかたをしていますが、問題は起こっていないので絶対に大丈夫です」と、頭から否定されてしまうことがあるでしょう。「ああ、そうですか……」と表面上は相槌を打つものの、心のうちでは「あなたは10年間、1つも進歩しなかったのですか？」というようにしています。

　確かに、従来のやりかたがある程度の成果を示しているならば安心でしょう。新しいことをやるのにリスクが伴うのは当然です。リスクを冒して新しいやりかたに挑戦する必要はないかもしれません。

　しかし、昨日と同じやりかたをいつまでも続けるだけでは、永久に進歩はありません。新しいやりかたに挑戦していく必要があります。新しいことをやれば、半分は失敗してしまうかもしれませんが、半分は進歩に繋がるものです。

52

工場の中にも
木を植えよう

　外国の工場は非常にきれいです。建屋もそうですが、庭に多くの樹木が植えられており、さながら公園の中に工場があるように感じられます。

　ある会社では、最近外国への視察を何度も行い、工場の美化に努めました。見学者からも「実にきれいな工場ですね」と称賛されています。ところが、工場には理屈っぽい人が多く、改善を勧めても実際にやろうとしない傾向がありました。

　それであるとき、社長に次のような話をしました。「あなたの工場は最近、庭に木を植えられて、大変気持のよい工場になりました。しかし、もう1つ大切な木を植えなければいけませんね」「えっ、それはどんな木ですか……」「それは、やる気（木）を植えるということですよ」

　外面的な環境の美化も大切ですが、内面的な効率化はさらに大切です。そのためには、工場の中にやる気（木）を植えましょう。

53

最初から「5杯目の飯」
は食べられない

　こんな話があります。ある男が山で道に迷い、ほうほうのていで家に辿りつきました。「早く飯を食べさせてくれ……」と言って、1杯、2杯、3杯、4杯と食べ、5杯目でお腹いっぱいになってきたので、「始めから5杯目を食べればよかった！」と叫んだ、というものでした。

　はたして、そんなことができるでしょうか。4杯目までがあって始めて、5杯目で満腹感が感じられるものでしょう。改善も同じです。1杯目で畑を耕し、2杯目で肥料を入れ、3杯目で種を蒔き、4杯目で追肥し、5杯目でやっと芽が出るのです。すなわち、改善の必要性を説いて空気を作り、改善のための提案を決心させ、改善のテーマを決め、話し合うことでようやく改善できるのです。

　私たちはすぐに改善効果を期待しがちですが、改善のためには地道な行動と成果の積み重ねが必要だと理解しておくべきでしょう。

ノウハウではなく、ノウホワイを学ぼう

　ここまで何度か話してきた通り、「なぜ」の追求が改善を生み出します。

　ある会社が、パルプを精製する画期的な装置を発明したという新聞記事を見かけました。その会社の技術部長と会食をしたときに「新しい精製装置の発明のきっかけは何でしたか?」と質問してみました。すると技術部長は、そのきっかけを話してくれました。

　技術部長の大学時代の親友が、製革会社の技師長をしていました。久しぶりに会ったときに「どうだ、工場を見学しないか」と聞かれたそうです。「いや、お前の工場とうちは全然違うし、見たって仕方ないだろう」と断ったのですが「そう言わないでちょっと見ていけよ」と勧められ、しぶしぶ工場を案内してもらいました。

　工場を見ていると、一風変わった装置がありまし

た。「あれは何をする装置なんだ？」と質問したところ「皮革の洗浄装置だよ」といいます。原理について説明を聞いているうちに「これはパルプの精製にも使えるかもしれないぞ」と思いついたそうです。

「今まで、同業他社を何回も見学しましたが、あまり参考になりませんでした。ところが、まったく業種の違う製革会社を見て、これは応用できると悟ってからは、もっぱら業種の違う先進的な会社を見学することにしています」

このかたは、ノウハウ（どうするのか）ではなく、ノウホワイ（なぜ、そうするのか）を学ばれたのでした。機械の外観だけではなく、その原理の理解に努めたことが成功につながったのです。

54

立場にあった
スローガンを叫ぼう

ある方針を示して改善しようというとき、スローガンを作って社長の方針を掲示することがあります。ところが、社長が「ストックを減らそう！」というスローガンを唱えると、部長や課長も「ストックを減らそう！」、組長も班長も同様に「ストックを減らそう！」と、同じスローガンを叫ぶことが多いものです。

　これではいけません。社長が「ストックを減らそう！」とスローガンで示したら、部長や課長は「小ロット生産のためにシングル段取りをやろう！」と、より具体化した方針を示すことが必要です。組長や班長はさらにかみ砕いて「金型のダイハイトや締付部の厚みを標準化しよう！」と、現場の人にとって身近な目標で分かるようなスローガンに直して示す必要があります。

　お経を唱えるように、同一のスローガンを声高に唱えたとしても、実際の効果はほとんどありません。立場に適したスローガンを唱えることが大切です。

55

うまくいかないときは、じっと好機を待とう

　数年前に私の研修を受講したかたとばったり出会いました。何となく元気がないので「どうしたの？」と尋ねたところ、今の部署の課長とソリが合わず、どうにも仕事が手につかないそうです。そこで、こんなことを話しました。

　「人生はかならず浮き沈みがあるものですよ。人生の雨の時期だなと思ったら、将来に向けて充電しておきましょう。本を読んで勉強したり、現場の人と仲良くなったり、あるいは趣味で気分転換をはかってみたり。そのうち晴れる日が来るものですよ」。そして1年ほど経って再会したときには、新しい課長と仲良くやっているようで、ずいぶんと晴れやかな顔をしていました。

　人生は天気のようなもので、つねに晴れているわけでも、雨が降っているわけでもありません。特に雨の時期こそ、「きっと晴れる日がやってくるはず」という心がけを持つことが大切です。

責任の範囲に
とらわれすぎない
ようにしよう

　会社を訪問して問題点をお話しすると、「それは私の責任範囲ではないので……」という返事をよく聞きます。会社の規模が大きくなるにつれて組織論が叫ばれていきますが、責任や権限を重視するあまり、本来の組織のありかたが忘れられているように感じられます。組織とは、企業を効率よく動かす仕組みでなくてはならないのです。

　野球の試合で、内野手が守備範囲の境界に線を引き、自分の範囲内に転がってきたボールだけを処理して範囲外のものを無視することはないでしょう。目標は試合に勝つことであって、守備範囲かどうかを見極めることではないからです。しかし、会社組織では往々にしてこのようなことが起こっています。

　紙に書かれた組織図をかたくなに守るのではなく、別の課や部の仕事で気づいたことがあれば積極的に意見を言える組織であるべきです。

57

魔法の言葉

「それもそうですね」

を使っていこう

意見を言って反対されたとき、「さて、この反対は否定だろうか。それとも忠告だろうか」と考える必要があります。それを理解するためには少し時間が必要であり、その時間を稼ぐ必要があります。そのための魔法の言葉が「それもそうですね」です。

　この言葉は賛成でもなく否定でもない、中立の言葉です。「それもそうですね」と言っている間に相手の言葉の本質を見極め、忠告であるならばそれを受け入れればよいのです。

　しかもこの言葉は、「自分の主張を受け入れてもらった」という感覚を抱かせます。場を話し合いの雰囲気に変えることになり、精神的な中和剤の効果を持ちます。「すぐ反対ばかりして！」と反論してしまうと、感情的になり結論に到達できなくなってしまいます。中和剤的な言葉を大いに活用して話し合いの雰囲気を作ることは、改善にとって効果的なのです。

人にやってもらうときは、 2ステップで説得しよう

　ある会社で、社長さんが言いました。「親会社から3か月後に20％増産してほしいと要請を受けました。その対策を話し合おう」

　さっそく、製造課長さんから「機械を増設してほしい」と意見が飛び出しました。「うん、そうだろうね」と答えたところ、今度は管理課長さんから「作業員も増員してもらわないと」「うん、そうだな」。その後も次々に要望が出てきます。社長さんは都度相づちを打っていましたが、意見が出つくしたのをみはからって、少し休むことにしました。

　休憩後、社長さんは「先ほどの意見はまったく同感です。しかし、敷地に余裕がありませんね。何とか、今の状態で増産をする方法はないでしょうか？」と提案してみました。

　2〜3分沈黙が続いた後、技術部長さんが「今の稼働率はどれくらいだろう」と言ったところ、製造

課長さんから「65％程度です」と答えが返ってきました。「非稼働時間で、一番大きな割合を占めているのは？」「段取り替えですね。最近、小ロットでの納入が要求されていて、段取り替えの回数が30％は増えています」「それならシングル段取りを考えてみたらどうかな。他社では8分で段取り替えができたそうだよ」「ぜひやってみようじゃないか」とすっかり雰囲気が変わり、3か月後には27％も生産性が向上しました。

　意見が出たとき、社長さんが即座に「そりゃだめだよ」と反論してしまったら、こんな雰囲気にならなかったでしょう。思っていることを吐き出させ、空っぽにしてから前向きなことを考える2ステップ説得に成功の理由があるのです。

58

相手が分かるように
話す意識を持とう

人間が、人生で自分の口から声を出すのは、99％
相手のためです。残りの1％はひとりごとか、あるい
は風呂にはいって唄を歌いながら「われながらよい声
だなあ」と悦にいっているときくらいです。

　しかし、言葉を語るのは相手のためだと理解してい
ても、私たちはふだんから本当に「相手に分かっても
らおう」と思って話をしているでしょうか。

　よく、コンセンサスという言葉を使うことがありま
す。この言葉を何％の人が理解し、コンセンサスが得
られると考えているのでしょうか。いずれにしても、
私たちが話をする場合、とにかく相手に分かってもら
うことが先決であり、相手が分かったのかどうかを確
かめることが大切です。

　私たちが話をするとき、あくまでも相手に分かって
もらうために話すのだとハッキリ認識しておく必要が
あります。

人生はいつまでも
学校の討論会ではない

　昔、セミナーの元受講者にばったり会ったとき、こんなことを言われました。

　「以前先生の講習会に参加したのですが、その講義で、一生忘れることのない言葉を聞きました。『人生はいつまでも学校の討論会ではない』という言葉です。私はこの言葉を聞いて、身の引き締まる思いがしました」

　その後、そのかたをよく知る人にお会いして「こんな話がありました」と話したところ、こう言われました。「彼は頭がよかったのですが、家庭の事情で大学に行けなかったんです。会社では、理屈で相手をやりこめてしまうので、部下からも上司からも毛嫌いされていました。ところが、講習会に参加して人が変わったように話を聞くようになったんです」

　「議論の本当の目的は、相手をやっつけることではない。納得してもらい、成果を上げることだ」と悟って態度を一変させたのでしょう。人生はいつまでも、学校の討論会ではないのです。

60

90点主義でいこう

　講習会を受けたかたからのお話です。そのかたは課長からテーマを与えられたので、これならば満点だという案を提出しました。ところが、なかなか納得してもらえず、やっとOKが出たのは3回目です。そんなことが2度3度と続いたので、能力のなさに落ち込んでしまいました。

　すると、それを見ていた老練な係長からある秘策をもらいました。半信半疑のまま報告書をまとめて課長に提出したところ、課長から「ここは見落としがあるんじゃないか？」と指摘されました。確かに見落としがあったので「うっかりしていました。さっそく訂正して提出します」と言って出し直したところ、すぐにOKをもらったのです。実は、係長の忠告とは「上司の顔を立てて、90点の答案を持っていくんだよ」というものでした。

　世の中は理屈一点張りではなく、人間の心理を考える必要があるのだなと感じた次第です。

理解しただけでは、人は動かない！

　人間は、理論を説明されると理解はします。しかし、理解しただけでは絶対に実行しないものです。理解ではなく、納得して初めて行動するからです。「理解」は理性で行うもので、「納得」は感情によって行うものです。「あの人の言うことは確かに正しいけれど、納得できないから自分はやらないよ」というのが、生身の人間の対応でしょう。

　ある会社で、段取り作業を改善することになりました。生産技術の担当者がいろいろな改善点を指摘したのですが、現場の作業者はなかなか実行してくれません。そこで、段取り作業をビデオで撮り、段取り終了後、作業者に作業を見てもらいました。すると、「おやっ。俺はあんなことをしているのか？」「ずいぶん手待ちがあるな？」という意見が現場の作業者から数多く出てきました。そこでさっそく改善を行ったところ、たちまち半分の時間に短縮され

たのでした。

　それまでは、指摘されても「俺たちはそんなこと
はやっていない！」「そんなに手待ちが多くはな
い！」と主張していたのですが、その実態を自分自
身で見ることで納得したのです。このとき、ビデオ
を撮影していたかたが次のような言葉を述べられた
のが印象的でした。

　「人間は、自分の後ろ姿は見えないものですね。
後ろ側に汚れがついていると指摘されても、素直に
信じようとしないものです。しかし、ビデオで後ろ
側の汚れを自分自身で見たら納得して、速やかに行
動するものですね」

61

結論を最初に
話してみよう

　「前回議論した問題はどうなりましたか？」と聞く
と、「あの問題は、こういうことをやってみました」
「こんなこともやってみました」「………」と経過を話
されたあと、「うまくいきました」や「まだ問題が
残っています」というように、最後に結論を述べられ
ることが多いものです。

　ところが、説明を聞く側としては、結果がよければ
それほど注意して聞く必要はないですし、反対に結果
が悪いときは「どうして結果が悪かったのか？」を考
えながら注意して聞く必要があります。

　「問題点は○○です」「結論は□□になりました」と
結論を話し、「このような対策をしたがうまくいかな
かった」、と後から経過を説明してもらうことが大い
に効果的です。何のために説明をするのかと目的を考
えるなら、結論先行型の説明のほうが都合がよいので
す。

62

改善は帰納法で

考えよう

　話しかたに、演繹というルールがあります。演繹とは、「1つの原則をまず説明してから、その具体例を述べる」というやりかたです。そしてその後、帰納というルールができました。帰納はいくつかの具体例を述べ、「だからこんな原則が考えられる」というように、具体的な事実を説明しておいて、その事例の中から原則を認識させるやりかたです。

　改善では、ふだん人々が無意識のうちにやっている不合理なことを説明して、「本当にその通りだな」と認識させたうえで、「だから、もっと徹底して目的を追求する必要がある」と話したほうが、説得力が大きいでしょう。現場の人を説得するには、日常行っている実例の中からムダを指摘したほうが、理解も納得もされやすいのです。

　改善においては、できる限り帰納的説明を行うように心がけたいものです。

63

改善提案は、ボツになってからが本番です

多くの会社で改善提案制度が採用されており、たくさんの改善提案が行われています。このような会社では、現場から出された改善提案を審査する必要があります。ところが、審査委員がもっぱら欠点のみを指摘して、ボツにしてしまうことがあります。

　改善提案は提案そのものの効果も大切ですが、もっと大切なことは「自分たちの会社を自分たちでよくしよう！」という意識の醸成です。ところが、否定的な審査員のいる会社では、いつの間にか提案意識は冷えきってしまいます。

　ボツになる提案でも「ここが少しまずかったので不採用になりましたが、もう少し考えてみませんか？」「優秀な提案ですが、類似の提案が以前あったので採用されませんでした。また考えてくださいね」と説明して、次の提案が出る仕組みを作りましょう。

分業が効率につながらないこともある

　ゴルフボールの刻印の上に、筆で墨を塗って乾燥させ、その後ボールの表面を拭きとって文字を浮かび上がらせ、刻印部分に墨入れをするという仕事がありました。

　2人の作業員がそれぞれ次の作業をしています。

・50個程度をまとめて、ゴルフボールの上に筆で墨を塗る

・そのボールを作業台の上に並べる

・乾燥したと思われるボールの表面を布で拭きとると、刻印部分が墨入れされる

　このような作業方法ですので、十分に乾いていないボールをとってボールを汚してしまうことがありました。そこで、分業するように改善しました。

・Aさんは筆で表面に墨を塗って、Bさんとの間に設けたシュート上に並べる

・Bさんはシュート上に並べられたボールを順次

　とって、布で表面を拭く

　このようにすれば、乾燥状態を見極める必要がなくなり、筆や布をとったり置いたりする無駄な作業がなくなると考えたのです。

　ところが、結果として、次のようになってしまいました。

　・墨入れの出来高が15％程度向上した

　・ただし、墨を塗る作業が粗雑になり、刻印の部分の墨入れ不足による手直し作業が多くなった

　・結果、墨入れの作業の能率はかえって5％程度低下することになった

　品質に対する最終的な責任を持たないために、作業が粗雑になってしまったのです。分業をすれば能率が上がると単純に考えるだけでは不十分でした。自分の仕事に責任を持つことが、能率向上にとって大切な条件なのでしょう。

64

改善なんて、
モー、ケッコー？

慣性の法則とは、「運動している物体は永久に運動を続け、静止している物体は静止し続ける」という性質です。同様に、人間はいつまでも同じ仕事のやりかたを続けようとする性質があります。

かつて、動物の習慣をはかる実験がありました。檻に動物を入れ、ぎりぎり届くところに餌を置きます。これを長期間くり返し、檻の少し先に餌があると習慣づけました。その後、餌に届かないよう少し遠ざけ、そのかわり背後の扉を開けておきました。哺乳類は時間の差はあれどみんな檻から出るのですが、同じ実験をニワトリで行ったところ、いつまで経っても檻の外に出ず、「コケコッコー」と鳴くだけでした。

改善案を示された場合「従来通りの作業方法でやらせて下さい。改善案なんてモー、ケッコーですよ」と鳴く、ニワトリの親族はいないでしょうか。習慣に対する抵抗を無くしたいものです。

改善は、慣れてきて初めてその真価が発揮される

　人間にとって一番やりやすい方法は、慣れている方法です。「次は何をやるのか、どんなやりかたをするのか」と、いちいち考えなくても自然に手が動きます。そのため、精神的な負担もなく仕事ができるでしょう。習慣になっている作業はやりやすいため、一番よい方法だと信じるようになります。

　しかし、本当にそうでしょうか？　改善案は、初めは不慣れでやりにくいものです。もし、「改善したというのに、前とまったく同じ時間がかかる」と言われたとしたら、まだ慣れていないのに同じ時間なのですから、慣れればさらに速くなるに違いありません。この場合「もう少し頑張ろう」と続けてもらうように仕向ける必要があります。

　結果が出ないからといって改善案をすぐに見捨てる態度は多いのですが、慣れて初めて本当の効果が現れるのだと理解することが大切です。

66

改善案は
天引き貯金のように
積み立てよう

工場に行って「改善をしよう」と話すと、現場では
「今は忙しくて、やっている暇がない」と言って反対
されることがよくあります。それで、今度は少し不景
気になったので「少し暇になったから、改善ができる
でしょう」と話をすると、「今は仕事を見つけること
に忙しくて、とてもそんな暇はありません」と、拒絶
されてしまいます。いつになったら改善できるので
しょうか。

　「今月は給料が余ったので貯金をしよう」というの
では、絶対にお金はたまりません。貯金しようと思っ
たら、「給料から天引きして、残りの金で生活しよう」
と決心しなければなりません。改善もこれと同じく
「世の中の景気が良くても不景気でも、また仕事が忙
しくても忙しくなくても、つねに天引き貯金のように
改善に向けて努力する」ことでないと、会社の発展は
ありえません。

67

不景気のときにこそ、できることがある

不景気のおり、ある会社を訪れたところ、新しい自動装置を導入する工事をやっていました。社長さんに「世の中が不景気なときに、どうして大金が必要な工事を始めたのですか？」と質問してみました。すると社長さんは「実は、これは親父の遺言なのです」というのです。「親父の遺言……？　それは一体、どんな内容なのですか？」と質問したところ、こう答えてくれました。

　「親父からはつねに、『仕事が忙しいときは設備をフル稼働させて、たくさん仕事を受けなさい。そして仕事が暇になったら、設備の改造や増設をしなさい』と教えられたのです。不景気のときは、忙しいときには見向きもしない大手の設備業者が、私のような中小企業の仕事でも引き受けてくれるのです。特殊な仕様や注文もよく聞いてくれるし、費用も安いのです。それに、工場を休んでも影響が少なくて済みますからね」

改善はきりもみ作戦で
成功させよう

改善は、最終的に職場の全員が理解し、納得し、積極的に努力するようにならないといけません。しかし改善の初期は、むしろきりもみ作戦で行きましょう。

　坑道を掘削する場合、坑道の全面をツルハシで掘り進んでいくよりも、小さなきりで穴をあけ、そこにダイナマイトをつめこんで発破させるほうが効果的です。これと同じく、改善ではまず積極的な人を説得し、試験的に1つのテーマに取り組んで、その実績を職場の全員に見せましょう。テーマは重要課題でなくてもかまいません。それよりも、改善をやってみせて、納得させることが大切です。理屈だけでは、なかなか納得に至らないからです。

　目標も最初から100％を狙う必要はありません。70％程度の目標を実現することで、改善の可能性を信じやすくさせます。すると、改善しようという空気が生まれるものです。

69

議論が停滞したら、
とにかく一度
やってみよう

初めてフランスの会社を指導したときのことです。初日の午前中は工場の部課長や技術者に生産管理の話をしたのですが、時を選ばず反論や質問をぶつけてきて、なかなか話が進行しません。

　さて翌日、作業初めに実演を行ったところ、従来1時間40分かかっていた段取り替え時間がわずか12分に短縮されたのです。見学していた部課長や技術者は、一同あ然とした面持ちでした。

　「どんなに素晴らしい意見でも、『不可能だ』という意見では決して先に進みません。議論が対立したときには、実際にやってみてはいかがでしょうか?」と話しました。実現したのを見た後では、反論する者はおりません。その後は、大いに前向きの努力をしたので大部分の機械で段取り替え時間が削減され、ストックも半分以下になりました。

　やはり、実際にやってみると前進することもあるのです。

バリとりを
「籾」でする？

　エボナイト（ゴム材料の一種）の圧縮成形をしている工場があり、発生したバリをヤスリでとっていました。エボナイトは硬くて脆いので、強くこすると欠けてしまい、弱めにこするとなかなかとれなくて時間がかかります。しかも、ヤスリがすぐへたってしまう難しい仕事でした。

　そこで、ドラムの中に製品と研磨剤を入れて回転させ、摩擦によってバリとりをすることになりました。ところが、いろいろ試したものの、適当な研磨剤が見つかりません。「ソフトでありながら鋭く切削できる、矛盾した条件を満たす研磨剤はないだろうか」と、いろいろテストしていました。

　そんななか、Aさんがすばらしい研磨剤を発見したのです。製品は欠けることなく、短時間でバリとりできました。その研磨剤とは、なんと米の籾です。籾のしわの部分は鋭い刃になっている一方、内

側は空なのでソフトな性質を合わせ持っていたのです。

　Ａさんは農家の次男坊で、「籾の中に土のついた芋を入れて転がすと皮がむける」ことを知っていました。そこからヒントを得て提案したところ、全員から「それはダメだろう」と一笑にふされてしまいました。しかし、工場長が「ダメもとで一度やってみたらどうかな」とテストをしたところ、極めて優秀な結果を示したのでした。

　新しい方法を、頭の中だけで考えて一蹴してしまうことは多くあります。しかし、常識外れなアイデアがすばらしい成績を示すこともざらにあります。未知の方法でも、まず一度は試す勇気と決断を、決して忘れてはならないでしょう。

70

どんな薬も、飲まなければ効果は出ない

　私は、初めて訪れる会社で、必ずといってよいほど決まって話す言葉があります。「社長さん。私の処方する薬は名薬でとてもよく効くのですが、たった１つだけ欠点があるのです」「えっ。たった１つの欠点？一体、それは何ですか？」「それは、患者さんが飲まないと効かないことです。私がどんなによいことを話しても、皆さんにそれをやってもらわなければ、絶対に成果は出ないものです。ところが、この薬は苦いのではないだろうか？　とか、何か副作用はないだろうか？　と、飲む前から難癖をつけて、結局飲んでくれない人がいます。それでは、絶対に効果は出ませんね。あなたの会社では、薬をもらったら飲もうという気持ちはあるのでしょうか？」

　こう話すと、どんな社長さんも「いやいや、そんなことはありませんよ。必ず飲むことにします」という話になるのです。

新郷重夫 (しんごう・しげお)

【略歴】

1930年 (昭和5年)	山梨高等工業学校機械工学科卒業。台湾総督府交通局の台北鉄道工場に勤務
1937年 (昭和12年)	日本工業協会主催・第1回生産技術講習会（会期2ヵ月）に参加し、その後もっぱら工場改善の業務に従事
1945年 (昭和20年)	日本能率協会に入社。福岡事務所長、教育部長、技術部長、第2作業部長などを歴任
1956年 (昭和31年)	三菱造船の工場調査において、当時4か月かかっていたスーパータンカーの建造期間を2か月に短縮する新方式を創案する。これが採用され、建造期間の世界記録を達成。この方式は日本造船界に普及し、造船工業の発展に寄与した
1959年 (昭和34年)	経営管理改善研究所を設立
1964年 (昭和39年) ～1966年 (昭和41年)	山梨大学工学部講師
1970年 (昭和45年)	造船工業の発展に寄与したことを中心とする経営管理改善の功により、黄綬褒章を受章
1988年 (昭和63年)	ユタ州立大学名誉博士号を授与
1990年 (平成2年)	逝去

　日本能率協会時代から生産技術の普及に努力し、新郷氏が講師を務めた生産技術講習会の受講生は日本（台湾を含む）で数万人に達した。また、欧州、北欧、アメリカ、カナダ、オーストラリアなどの諸外国を訪れ、工場の改善指導や講演を行った。

【主要著書】

改善技術
- ◎『工場改善の体系的思考』(1980年(昭和55年)、日刊工業新聞社)
- ◎『工場改善の見方・考え方』(1957年(昭和32年)、日刊工業新聞社)
- ◎『工場改善の具体化と実例』(1957年(昭和32年)、日刊工業新聞社)
- ◎『工場改善のポイント』(1964年(昭和39年)、日刊工業新聞社)
- ◎『新アイデアをにがすな』(1967年(昭和42年)、白桃書房)

分析技術
- ◎『生産技術概論』(1949年(昭和24年)、日本能率協会)
- ◎『工場改善の技術』(1956年(昭和31年)、日本能率協会)

生産管理の改善

総括
- ◎『工場改善の原点的志向』(1977年(昭和52年)、日刊工業新聞社)
- ◎『トヨタ生産方式のIE的考察』(1980年(昭和55年)、日刊工業新聞社)
- ◎『A Study of the Toyota Production System』(1981年(昭和56年)、日本能率協会)
- ◎『A Study of the Toyota Production System』(フランス語版、スウェーデン語版、イタリア語版、フィンランド語版、デンマーク語版、ユーゴスラビア語版、1985年(昭和60年))
- ◎『生産管理の改善』(1951年(昭和26年)、日本経済社)

工程管理
- ◎『工程管理改善のキーポイント』(1962年(昭和37年)、日刊工業新聞社)
- ◎『生産管理ハンドブック(工程管理)』(1954年(昭和28年)、河出書房)

品質管理 ◎『源流検査とポカヨケ・システム』(1985年(昭和60年)、日本能率協会)

機械配置 ◎『機械配置改善の技法』(1965年(昭和40年)、日刊工業新聞社)

総括
- ◎『シングル段取への原点的志向』(1983年(昭和58年)、日本能率協会)
- ◎『A Revolution in Manufacturing: The SMED System』(英語版、1985年(昭和60年)、Productivity Inc、アメリカ)
- ◎『縮短換模時間之作法』(1984年(昭和59年)、新茂木業公司、台湾)

工場改善

現場力が高まるひらめき **新郷重夫語録** NDC 509.6

2023年3月31日　初版1刷発行　　　（定価はカバーに表示してあります）

Ⓒ著　者　　　**新郷　重夫**

発行者　　　**井水　治博**

発行所　　　**日刊工業新聞社**

〒103-8548　東京都中央区日本橋小網町14-1
書籍編集部　電話 03-5644-7490
販売・管理部　電話 03-5644-7410　FAX03-5644-7400

U R L　　https://www.pub.nikkan.co.jp/
e-mail　　info@media.nikkan.co.jp
振替口座　　00190-2-186076

カバー
本文デザイン　　雷鳥図工（熱田　肇）

印刷・製本　　新日本印刷㈱

2023　Printed in Japan
ISBN　978-4-526-08267-2
　　　C3034